DIÁLOGOS CONMIGO Y MIS OTROS

Isaac Goldemberg

literalpublishing

Diseño de portada y contraportada: María Fernanda Oropeza. Graficarte
Diseño de interiores: David Medina

Este libro es una coedición entre Literal Publishing y la Academia Norteamericana de la Lengua Española. Asimismo, contó con el apoyo del Humanities Research Center y la School of Humanities de Rice University

Primera edición 2013

5425 Renwick
Houston, Texas 77081
www.literalmagazine.com

ISBN: 978-0-9770287-6-4

Impreso y hecho en México / Printed and made in Mexico

Salir de mí
buscarme entre los otros.
Los otros que no son si yo no existo
los otros que me dan plena existencia.
OCTAVIO PAZ

Son palabras, frases de otros, que manipulan
febrilmente las puntas de mis dedos…
CARLOS GERMÁN BELLI

PREFACIO

Quien no tiene patria, encuentra
en la escritura un lugar para vivir.
THEODOR ADORNO

Una forma
De escribir poesía
Es vivir epigrafiando.
LUIS HERNÁNDEZ

Estos poemas son el diálogo
que ellos sostienen con los epígrafes
y estos epígrafes son el diálogo
que ellos sostienen con los poemas.
Pero sin saberlo.

DIÁLOGOS CONMIGO Y MIS OTROS

Escribir un poema después de Auschwitz

Escribir un poema después de Auschwitz es un acto de barbarie.
Después de Auschwitz toda cultura es inmundicia.
Theodor Adorno

...la Tierra
es un dado roído y ya redondo
a fuerza de rodar a la aventura.
César Vallejo

Este no es un poema.

Ironías de la vida:
al carpintero Jesús
lo clavaron en la cruz.

La vida juega con nosotros.

Juega y juega
y al final a todos
nos sale la misma ficha.

Los dados eternos.

Con este título
escribió César Vallejo un poema
antes de Auschwitz.

Saberes

Sólo los judíos saben lo que son.
Mas nadie sabe lo que es un judío.
Max Aub

Saber: ser muy sagaz y astuto.
Diccionario
de la Real Academia Española

El que sabe, sabe
Ser astuto no es un don divino

Nadie sabe lo de nadie
La astucia es hija de los destierros
uno tras otro tras otro

El judío y el zorro son astutos
Más sabe el diablo por viejo
¿A qué saben los destierros?

¿Y el judío?
Vaya uno a saber por dónde anda

Fool Them Twice, Shame On Them

Rabí Levi Itzjak envuelto en el talit *y con las filacterias*
no se mueve de su lugar. Delante del tabernáculo
el libro de las plegarias está abierto, pero él no pronuncia
[ni una palabra.
Ve en su imaginación los cuadros del gueto, la agonía, el
[dolor y la humillación.
Calla empecinadamente, el anciano está enojado
[con su viejo Dios.
Itzik Manger

No estamos vacunados contra otro holocausto.
Daniel Rafecas

A Dios hay que modernizarlo.

Grande ha sido el salto
de la hoguera española
a la cámara de gas.

Una locura pensar
en el próximo Holocausto
con el mismo viejo Dios.

[*Fool them twice, shame on them.*
Literalmente: "Engáñalos dos veces,
la culpa es de ellos mismos"]

Botellas

Voy por el camino con mi botella y mi sombra.
Afortunadamente mi sombra no bebe.
Omar Khayyam

Un poema, como es una manifestación del lenguaje
y éste es en su esencia dialógico, puede ser un mensaje en una botella
lanzado en la creencia —no siempre esperanzada—
de que alguna vez y en algún lugar arribe a alguna tierra,
a la tierra del corazón, quizás.
Paul Celan

Muchos de los grandes poemas de muchas lenguas
fueron escritos por poetas alcohólicos.

Sus nombres son harto conocidos.

Todas las botellas que bebieron
fueron mensajes en un poema
lanzados en la creencia
—no siempre esperanzada—
de que alguna vez y en algún lugar
arribe a alguna tierra,
a la tierra de la razón, quizás.

Soneto inexacto del judío peruano y viceversa

Jesús, te has olvidado de mi América,
ven a nacer un día sobre estas tierras locas.
Carlos Pellicer

Por Dios, Jesús, ni en sueños se te ocurra
nacer en mi otra tierra prometida.
Te lo ruega este judío de rodillas.
Lo mismo este peruano que me zurra

por hijo de camello. No, ¡de burra!
De burra ofertada a tu cruz de palo
con que me zurra este judío, en vano,
por hijo inexacto de camello y burra.

Jesús, no oigas al vate que te invoca
desde el abismo de su ser cristiano
a que nazcas sobre estas tierras locas.

Por el Dios de Abraham de ti me fío
que no le ofrendarás a mi peruano
lo que con creces le has dado a mi judío.

Sentimientos

Quienquiera que se sienta inocente está listo
para luchar contra su adversario.
Quienquiera que se sienta culpable cruza
espadas con sus demonios.
Alain Finkielkraut

Es imposible entender
el deseo de exterminar
a todo un pueblo
que ha dado tanto
—en todo sentido—
a la humanidad.

¿Es posible entender
el deseo de exterminar
a todo un pueblo
que no ha dado nada o tanto
—en todo sentido—
a la humanidad?

Deseos que harían reír
si no por la gravedad de los mismos.

Ecos

Una novela, al contrario que un ensayo, no llega a conclusiones, aspira, en todo caso, a reunir contradicciones (...) Estoy interesado en contar cómo a través de la acumulación de estos estereotipos [antijudíos] *se construyeron los* Protocolos.

Umberto Eco

No son los judíos la espina clavada
en el corazón de los antisemitas,
sino su pensar.

Borrarlos de la vida:
el judío que no existe no puede pensar.

Los judíos que pensaron
serán llevados al crematorio
y no quedará de ellos ni sobre ellos
una sola imagen, un único número,
una sola nota, una única letra.

Borrarlos de la memoria:
sacarse la espina.

Pérdidas

Pero cuando llegó a los límites de lo comprensible
sin resignarse a no comprender, dijo lo incomprensible
y perdió tres cosas: el yo, el lenguaje y el mundo.
Jean Améry

Un hombre gritaba en plena calle
que no comprendía a la gente
que no entendía a Dios.

Cruzaba el cielo una paloma blanca
y cayeron sobre el cráneo del hombre
dos proyectiles de mierda.

La buena suerte animó al hombre
a seguir gritando lo mismo.

Muro

En el poema más pequeño de un poeta
debe haber algo en que se note que existió Homero.
Ricardo Reis

Seré siempre el que esperó
a que le abrieran la puerta, junto a un muro sin puerta.
Fernando Pessoa

Solo, el muro que separaba
al humano del humano
no sabía cómo derrumbarse.
No sabía cómo.
No sabía.
No.

Socialismos

Si no hay justicia para el pueblo,
que tampoco haya paz para el gobierno.
Emiliano Zapata

Me gusta el caviar pero prefiero la huevera frita,
bien comida con su limón y su rocoto
en el mercado del Callao.
Alejandro Sánchez-Aizcorbe

Un día el socialismo se miró en el espejo
y se dijo a sí mismo:
Ahora ya estoy listo para actuar en el mundo.

Renunció a la verdad absoluta.

Inició un nuevo diálogo con el humano.

Se mostró espontáneo.

Arte poética

Negra leche del alba la bebemos de tarde.
Paul Celan

¿Qué se ama cuando se ama, mi Dios: la luz terrible de la vida
o la luz de la muerte?
Gonzalo Rojas

Ver correr el río bajo un cielo sin nubes
aguas de otros ríos afluyen al río
que pasa por quien escribe
y quien escribe es la red de los sueños
jalados por la corriente
agua blanca del sueño la volamos en las alas del ave
sueño negro del agua lo bebemos en la palabra
¿Qué se escribe cuando se escribe:
la muerte con sol encima del paisaje
o la vida sin sombra debajo de la tierra?
El río traza un camino no se sabe si de sol o de sombra
el sueño empuja las palabras sobre las aguas
que corren ausentes a quien escribe
y quien escribe las mira correr
con ojos que como el sol rehusan hundirse

Pueblos y poetas

Feliz el que reconoce a tiempo que sus deseos
no van de acuerdo con sus facultades.
Johann W. Goethe

Para escribir en el aire no se necesita alfabeto ni abecedario,
solo pensamiento y lenguaje…
Gregorio Martínez

Cuando un pueblo pequeño
da un poeta grande,
ese pueblo pasa a ser grande.
En el Perú sólo se ha dado un caso.
No lo menciono por obvio.

Muertes

¡Oh! Hijo de la muerte, no te deseamos la muerte.
Que puedas vivir tanto como nadie jamás ha vivido:
Que puedas vivir insomne cinco millones de noches,
Y te visite cada noche el dolor de los que vieron
Cerrarse la puerta que impide el camino de regreso,
Crecer las sombras en torno, cargarse el aire de muerte.
Primo Levi

La muerte se escribe sola.
Blanca Varela

La muerte

Muchos se la imaginan
Y nadie la ha visto

Yo una vez mentí que la vi

Se apareció en mi delante
Y desde entonces no he vuelto a mentir

La muerte no puede conocerse
En el alma del otro

Tampoco en el cuerpo del otro

Quien dice he visto a la muerte
Porque ha visto morir
O porque ha visto un difunto
No ha visto a la muerte
Porque la muerte no puede verse en el otro

Muertos y vivos

1

Es indudable que el Perú produce los mejores muertos…
Julio Ortega

sé que mi alma
querrá morir junto a su cuerpo.
Elqui Burgos

En el país de los muertos
la vida es rey.
Lo saben los que viven
con la esperanza
del muerto.

2

Cada cultura tiene una cita con sus muertos.
Walter Benjamin

En el país de los vivos
la muerte es rey.
Lo saben los que mueren
con la esperanza
del vivo.

Seres

Seré que Seré.
Dios

Si Serás que Serás,
¿Qué Fuiste ayer?
¿Lo Mismo que no Eres hoy?
¿Lo Otro que Serás mañana?
¿Lo que nunca Serás hoy?

Jai qs

1

…un soliloquio en una lengua muerta.
Enrique Lihn

La palabras,
como los árboles,
por pequeñas que sean
siempre echarán raíces

2

Ser peruano en cualquier parte
del mundo es imposible.
Pedro Granados

Para volver al lugar
de dónde uno no se ha ido,
tal vez no sea necesario dejarlo

3

Estoy acostumbrada a ver la vida en una doble dimensión:
el aquí y ahora, y el allí y entonces.
HANNAH ARENDT

Nacer para morir
la más grande estupidez
y encima, saberlo

4

No existe una conciencia colectiva. La elección es siempre individual… Ahora sabemos que no hay sujeto colectivo, que todo sujeto es individual, se trata de construir desde ahí.
AGNES HELLER

Está muy bien eso de Dios
y Su libre albedrío
pero ¿por qué dejar a las víctimas
en manos de sus verdugos?

5

El ídish aún no ha dicho su última palabra.
Los fantasmas aman el ídish y, por lo que sé, todos lo hablan.
ISAAC BASHEVIS SINGER

Cuando el humano murió
se llevó el último idioma
hablado sólo por humanos

Historias

El rechazo del cristianismo por los judíos
sólo puede ser calificado como brillante.
E. M. Cioran

Avancen hacia atrás.
Letrero en los autobuses
de Varsovia

Si el romano Constantino
no hubiese declarado el cristianismo
la religión oficial del Imperio
y, en vez, hubiese elegido el judaísmo,
hoy Roma sería judía y el Vaticano,
con su correspondiente
Tercer Templo de Salomón,
reposaría en una colina de Jerusalén.

Otra sería la historia.

Entre 1140 y 1145 el rabí Ezra el Sabio
vivió en Roma y allí redactó
los comentarios al libro del Eclesiastés
y al de Job.

Biografías

La verdad biográfica es totalmente inalcanzable,
y si se la pudiera alcanzar no serviría de nada.
Sigmund Freud

...confundiendo, volviendo todo al revés, contaminando la realidad para que
esta no contaminara demasiado la ficción.
Jorge Eduardo Benavides

El recuerdo es aquel
que uno hace existir
y no es posible apresarlo
más que imaginándolo.

Todo lo vivido es la biografía
de un ser imaginado.

Diáspora

Me parezco al que llevaba el ladrillo consigo
para mostrar al mundo cómo era su casa.
Bertolt Brecht

Hoy descubrí por qué
la casa está tan llena
de soledad…
Manuel J. Santayana

Todavía quedaban en la ciudad todas las casas.
Pero la que menos quedaba era la casa del padre.
Él dijo que guardaría su casa hasta el último día de sus días.
Más tarde, mucho tiempo más tarde,
volvía del destierro para ponerle candado.
Y el hijo, sin que fuese suya, se quedó con la llave.
Tiempo hace ya que la casa fue vendida al olvido.
Hoy el olvido tiene su llave, idéntica a la memoria del padre.
Esta será su tranca —dijo—, mi memoria.
Más tarde, mucho tiempo más tarde, mudó su casa.
Pónganla aquí —dijo—, donde estuvo la casa.

Casticismos

Pero quisiera ser ecuánime en este juicio que usted me pide.
También del lado de las víctimas de esas injurias [los judíos]
hubo un punto de responsabilidad…
Es el error que amenaza a toda minoría selecta y cerrada que,
con su inteligencia, laboriosidad y perspicacia,
practique una endogamia exclusivista.
Esta fue la situación que la barbarie nazi utilizó arteramente
para lanzarse en sus prácticas genocidas contra los judíos europeos.
José Puente Egido

Lo castizo —no importa cuál sea la casta
ni el país donde se encuentre—
no permite lo judío.

Los castizos siempre verán lo judío
solo como lo judío,
jamás como lo castizo.

Cuidémonos los judíos
de nuestros compatriotas castizos
y de nuestros castizos judíos.

Ruidos

Durante la guerra no hablaban las palabras
sino los rostros y las manos.
Aharon Appelfeld

Los niños jugaban pelota
No dijo ay el cristal roto
No aulló la ambulancia
No gruñó la orden de fuego
Tampoco silbaron las bombas

Los rostros y las manos ¿qué dijeron?

Judíos y peruanos

Pero el hombre judío… es dos veces hombre…por aquel poder
de estar ausente de sí mismo y de ser otro que sí.
Vladimir Jankelevitch

No es lo mismo un cholo calato que un desnudo griego.
Rodolfo Hinostroza

El hombre es el hombre (aunque sea peruano)
se le vea por donde se le mire.
Cesáreo Martínez

Ser el otro de uno mismo.
Ser dos: el ser completo.
Serlo al mismo tiempo.
En un mismo cerebro.
Desde el centro de uno mismo
ser el otro en espíritu.

Por ser el otro
cuántos perdieron el ser físico.

Cerebro

No es que esté solo, es que no existo.
Leopoldo María Panero

No te sabotees,
cerebro.
Sé bueno contigo mismo.
¡Sé fuerte!
No es aconsejable existir
solo y con uno mismo.

Estilos

Si yo soy yo porque yo soy yo y tú eres tú porque tú eres tú,
yo soy yo y tú eres tú. Pero si yo soy yo solamente porque tú eres tú,
y tú eres tú porque yo soy yo, ni yo soy yo ni tú eres tú.
Rabí Menajem Mendel de Kotzk

Las palabras me anteceden y me sobrepasan, me tientan
y me modifican, y si no me cuido será demasiado tarde:
las cosas se dirán sin que yo las haya dicho.
Clarice Lispector

Mi estilo podría llamarse bipolar.

Por no buscar mi propia voz
—temor a no tener qué decir—
he escrito a través de otras voces,
como con mordaza.

Voces de personajes que no saben escribir.

Personajes que escriben con la voz del escritor.
Nunca con la voz del yo.

Es mortal
el temor de no tener qué decir desde el yo.

Paraísos

Si es este un mundo cristiano, los poetas somos judíos.
Marina Tsevietaeva

¿Hubo un jardín o fue el jardín un sueño?
Jorge Luis Borges

Los cristianos mueren y se van al Cielo;
los judíos al Edén.

Morir es volver al lugar
de donde hemos venido
y del cual guardamos
un tenue recuerdo.

Para cristianos y judíos
morir es volver a ser inmortal.

¿Cuál de los dos paraísos
se parece más a la vida real?

¿Cuál de los dos parece más un jardín?

Deseos

Es imposible que a nadie no le guste el olor de su propia mierda.
Charles Bukowski

Los deseos mas oscuros
arrojan luz sobre la oscuridad
si uno sabe reconocerlos

Los judíos en el infierno

Nosotros, orgullosos de haber eliminado el infierno,
lo difundimos ahora por todos lados.
Elías Canetti

Cuando descubrí que el dominio www.infierno.com no
estaba registrado, pensé que había cometido algún error.
Sin embargo, al teclear de nuevo la dirección comprobé que
era verdad: no le pertenecía a nadie.
Fernando Iwasaki

Cuéntanos la fábula,
que los judíos se compraron
un lugar privado en el infierno.

En el primer círculo,
sentado en un banco de madera,
Karl Marx se abanica con la mano.
El profeta Jeremías
combate el calor cantando salmos.

En el segundo círculo,
Salomón examina con cuidado
las piedras de su Templo.
En unos rollos de papel amarillento
Moisés escribe jeroglíficos.

En el tercer círculo,
Jesucristo sueña con Pilato.
El ojo clínico de Freud
lo observa a pocos pasos.

En el cuarto círculo,
Spinoza redacta
una historia de marranos.

En el quinto círculo,
Jacob se pelea con un diablo.
Caín y Abel
se comportan como hermanos.

En el sexto círculo,
está Noé borracho en una cebra.
Entre los hoyos de las rocas
Einstein va buscando átomos.

En el último círculo,
inclinando un telescopio,
Kafka se ríe como un loco.

Telenovelas

Trabajamos en la oscuridad, hacemos lo que podemos
y el resto es la locura del arte.
Henry James

No es que la gente inteligente
no viva los mismos dramas cotidianos
que la gente no inteligente,

sino que los vive y los piensa distinto,
de forma inteligente.

Lección de religión

...todos, con tal de verlos, les ponen una cara,
y los hay que hasta les ponen carne y hueso a sus dioses.
Elías Scherbacovsky

Al rehusar interpretar correctamente la situación,
la religión puso en movimiento la catástrofe final.
Tal fue la trágica continuación de la historia.

Sabía que nadie podía decir más del humano como el
[humano.
Existían muchas cosas que se podían decir,
pero las más profundas, las más reveladoras,
las más extremas se hallaban en la concepción de sí mismo.

Entonces la religión decidió hacer y decir algo.
Deseó ser reconocida por el humano
y que éste se definiera por sus preceptos.
No quiso ser fruto de su imaginación.

Luego se sentó sobre un trono alto y sublime
y desde ahí dio voces, cubriéndose el rostro.
Le advirtió al humano que su casa quedaría destruida
y cualquier cosa demoníaca tendría libre derecho para
[atacarlo.

Suplicó y lloró sobre el humano
pero el humano ya no quiso.

Memorias

Para un judío ser feliz es sospechoso.
Siempre habrá que compensarlo con alguna desdicha.
Philip Roth

Un judío sin memoria
es como una gallina sin cabeza.

Recordar que a quien vivió
le será reclamada la armonía infinita.

Animales que hablan

Una de las maneras de nombrar en hebreo al
ser humano o a la persona es "jai medaber", que significa
literalmente "animal que habla".
Varda Fiszbein

...bien hablan animales en la noche,
mientras grazna la gente.
Marco Martos

Hablando se entiende la gente
en la Babel de las miles de lenguas

Pero el silencio es el mas elocuente
La sonrisa siempre puesta
el gesto que no dice nada
la mirada que todo lo calla
la máscara de los animales que hablan

Culpables

¿Quién, tan extenso el crimen,
no sería culpable?
Jorge Guillén

Cuando
es
tan
extenso
el
crimen
insinuar
que
todos
somos
culpables
exonera
al
culpable
de
la
culpa

Estatuas

1

Yo trabajo para que todos seamos generosos
y creativos hasta afianzarla.
Por eso planeamos una confederación de Estados:
Palestina, Jordania e Israel...ya tengo nombre
para esa confederación que fundaremos:
Isfalur (de Israel), Falestin (Palestina) y Urdún (Jordania).
A. B. Yehoshua

Un día los judíos erigieron
en un punto de la frontera
palestino-israelí
una descomunal estatua de David.

Ese mismo día y en ese mismo punto,
los palestinos erigieron una pequeña
estatua de Goliat.

2

Los mismos viajeros, los mismos hermanos de barco,
las mismas ropas raídas, las mismas esperanzas,
las barbas puntiagudas, la mirada desolada, la misma sorpresa
y el mismo deseo de encontrar la maravilla, la tierra prometida…

MARGO GLANTZ

Otro día los palestinos erigieron
en otro punto de la frontera
palestino-israelí
una descomunal estatua de Goliat.

Ese mismo día y en ese mismo punto,
los judíos erigieron una pequeña
estatua de David.

Civilizaciones

Aztecas e israelitas fueron pueblos guiados que peregrinan
en busca de la Tierra Prometida por el Dios.
Esther Seligson

Even in the Museum of Natural History el espíritu de las cosas
trasciende el tiempo: no tienen límites los antiguos.
Fredy Roncalla

Un día la civilización optó
por desaparecer del mapa,
y lo hizo sin avisar a la televisión
ni a la prensa escrita.

Humanos comunes

Los monstruos existen pero son demasiado poco numerosos para ser verdaderamente peligrosos. Los que son realmente peligrosos son los hombres comunes.

Primo Levi

Anticipar: pésima costumbre.

Pero qué remedio queda.

Padres y madres enseñan
La necesidad de precaver.
Mas no el arte de la precaución.

Algo os está diciendo
esa nube negra que pende
sobre vuestras cabezas.

Cuando el gas Zircón B
—el de las cámaras nazis—
haya ganado un par de puntos
en la Bolsa de Valores de Nueva York,
eso solo querrá decir una cosa.

Libros

1

...un libro en el que estuviera lo no pensado
y en donde las cosas más extrañas resultaran naturales y viceversa.
Nilo Espinoza Haro

Ante la multitud agolpada al pie del cerro,
el Libro abrió la boca
y dijo que era un regalo de los dioses.
Nadie pudo imaginarse en ese instante
su progresiva evolución.
Primero su voz resonó en los templos:
transmitió al humano el origen,
las acciones y las cualidades de sus Creadores,
pronunciando ritos, conjuros y plegarias.
Su voz —libresca desde un comienzo—
reemplazó a la memoria del humano,
perfeccionada durante milenios para recordar.
Hablaron a través del libro y para la posteridad,
políticos y gobernantes, sacerdotes y soldados:
Fue un gesto de vanidad, cultivada
y favorecida por sus páginas.
Luego el Libro transcribió cantos
y poemas para la lectura individual,
poniendo sólo al alcance de unos pocos
y en privado lo que en su forma oral
fue disfrutado por todos y en grupo.

2

El libro es la propuesta contra el caos,
es el deber de la memoria y es la conciencia histórica.
Asuntos todos éstos, claves para el judaísmo.
Angelina Muñiz-Huberman

Antes del Libro
existieron numerosos signos
cuya lectura no era segura,
por lo que no había manera
de distinguir lo verdadero de lo falso.

El Libro fue el reflejo de la humanidad
del humano, pero en un espejo distinto.

Países

De cada trozo de tierra o de mar
han usurpado algo y así me formaron,
condenándome a la eterna búsqueda de un lugar de origen.
Alejandra Pizarnik

El dolor no es tanto cuando uno llega a un nuevo país
y nunca piensas que te quedarás ahí de por vida,
que siempre serás el mismo,…y que finalmente…
no te volverás otra persona, esa que nunca fuiste.
Miguel Ángel Zapata

La misma historia.

Tener que abandonar tu país.

Por el Sur los inquisidores.
Por el Norte los nazis.
Por el Este Stalin.
Por el Oeste todos los otros judeófobos.

La tierra otra vez prometida.

Una historia distinta.

Por el Sur los egipcios.
Por el Norte Hezbolá y los sirios.

Por el Este Hamás e Irán.
Por el Oeste todos los otros judeófobos.

Pensamientos

Lo que en mí siente está pensando.
Fernando Pessoa

¿Por qué estoy vivo
Y el vaso lleno de agua
Y la puerta cerrada
Y el cielo igual que ayer
Y los pájaros dorados
Y mi lengua mojada
Y mis libros en orden?
Jorge Eduardo Eielson

Es que a veces el cuerpo nos nace de golpe
y va quedándose como de paso
Comparte nacimientos para dejar constancia
de haberse hecho solidario

Viene el cuerpo de hundir
sus ojos tristes
de irse amontonando en la carrera
de cavar exactos días
Es que el cuerpo no conoce muertes
hasta que sale a jugarse la vida

Tiempos

El pasado nunca está muerto. Ni siquiera es pasado.
William Faulkner

¿No es el imperfecto un tiempo
que crea la ilusión de que las cosas
están pasando justo en ese momento?

Con el presente sucede algo parecido
sólo que desde otra perspectiva:
da la ilusión de algo ya pasado.

Poéticas

1

se sienta a la mesa y escribe
"con este poema no tomarás el poder"
Juan Gelman

Se escribe poesía porque se juega a ser dios.
Enrique Sánchez Hernani

La poesía es el arte de las palabras
Tanto de la palabra oral como de la palabra escrita
La poesía es un arte cuyo medio de transmisión es el poema

Las palabras escritas se ordenan en líneas
También llamadas versos

El verso no es un artificio innecesario
Sino una necesidad intrínsica de las palabras
Al formar el poema.

Los versos del poema remedan la respiración del poeta.
Hay respiraciones distintas:
Respiraciones de versos muy largos
Y respiraciones de versos de una sola palabra
Que también puede ser —como palabra escrita—
Una letra.

Un poeta escribió una gran cantidad
De poemas compuestos de versos
De una sola letra.

Alcanzó una gran fama.

2

…la poesía es la esencia de lo literario. […]
es la sangre y el alma de las palabras…
ALFREDO PITA

Poesía no dice nada:
Poesía se está, callada,
Escuchando su propia voz.
MARTÍN ADÁN

La poesía hace que nazca el poema.
Es la madre del poema.
Existe sólo en el poema.

No hay poema sin poesía
ni poesía sin poema.

Sin el poema, está callada.

Liberaciones

...aquella mal llamada "liberación" de Auschwitz.
Jack Fuchs

Un año antes
un par de meses antes
unas semanas antes
unos días antes
tres, dos, una hora antes
hubiese sido una liberación.
Pero fue un encuentro.

Un encuentro entre los soldados que sobrevivieron
y las sombras de los vivos muertos.

Novelas

¿O será, más bien, que el narrador solo se cuenta
su propia historia a sí mismo, como el niño que canta
en la oscuridad para disipar su miedo?
Ivo Andric

Autobiografía, novela, lo mismo. El mismo truco,
el mismo trucaje: parece imitar el curso de una vida,
desplegarse según su hilo.
Serge Doubrowsky

Utilizar la vida de uno mismo
para crear una novela no impide
el uso de la imaginación:

escribir una novela consiste
en colocarse en el corazón mismo del personaje,

lo que implica tener una intuición imaginativa de él.

Judíos y ruinas

El judaísmo es el único gran culto que posee,
como lugar más santo, una ruina.
Juan Pundik

Todos los judíos somos en algún momento el ángel de Klee
mirando hacia atrás y viendo sólo escombros.
Arnoldo Liberman

Desde entonces, el judío va errante,
sin hallar un lugar de descanso.

Es el hombre que no puede morir,
o que, tras su falsa muerte, ha de retornar.

Es el símbolo de la humanidad
que marcha de continuo hacia un fin imprevisible.

Los espacios del cuerpo

La sinagoga es el único templo religioso
donde el objeto de adoración es un texto.
Ilán Stavans

¿La sinagoga parece una iglesia?
Gracias a Dios que no.
Las hay exhuberantes, incluso divinas,
pero parecidas a las iglesias, no.
Pero se han visto algunas que sí:
imágenes del primer y segundo templo.
Todos los templos prefiguran la pequeñez del humano
y la grandeza de Dios.
¿En qué hemos estado pensando?
En el nicho espero que no.
En la tierra tampoco.
El polvo no necesita mas espacio que el que le damos,
y la carme desaparecida tampoco.

Monigotes

Cuando se nos ataca como judíos es necesario
defenderse como judíos, no como alemanes,
no como cosmopolitas, tampoco como defensores
de los derechos humanos, sino como judíos.
Hannah Arendt

Unas semanas antes de la Navidad,
los niños comienzan a confeccionar
un muñeco gigantesco con toda suerte de materiales
y de ropas viejas. Escogen
a uno de los habitantes del pueblo en quien
inspirarse para armar el muñeco.

Modelan entonces la cara del monigote
basándose en dicho personaje
y se le pasea por las calles del pueblo.

Felizmente, en el pueblo nunca ha faltado un judío,
y, cuando falte, quedará el recuerdo.

Mezclas

El judaísmo mantiene con la historia una relación especial… [Su] *principal característica es precisamente ésta: dar testimonio de la historia, de su incesante fluir. Es lo que encontramos en todo momento en el relato bíblico: una dislocación constante, tanto en el espacio como en el tiempo.*
Moacyr Scliar

El que más se helenizó fue el judío.

También el que más se romanizó.

Un ex judío introdujo el cristianismo en Roma.

No sorprende entonces que el cristianismo
sea una mezcla de paganismo romano
con ciertos rasgos de monoteísmo judío.

Inventarios

1

Nos repartieron máscaras y pudimos ser reconocidos.
Mirko Lauer

Nací en los clavos de Jesús.
En su corazón de fina estampa.
En la estrella de seis puntas.
En el vientre de los huacos.
En el padre y su palabra inaudita.
En la madre y su sombra contraria.
En la lengua muerta de su ausencia grave.

2

Entren en la sombra de sus máscaras,
conozcan sus relieves, miren desde
las traiciones y fracturas del mundo.
Tulio Mora

Los espejos rotos
donde aprendí a mirarme
El carnaval pletórico
de máscaras.
El domingo con tanta plaza

Y ésta con tanta iglesia
los domingos
Y tantas imágenes de mi rostro
tan arcaicas.

Posiciones

Sé judío en casa y hombre en la calle.
Moisés Mendelssohn

no te acuestes en posición contraria
al discurrir de un río
o serás arrastrado
toda la noche.
Odi Gonzales

La del misionero
La del hombre sobre su compañera acostada y de frente
La revolucionaria
La del hombre y la mujer tendidos cara a cara
La de la mujer de espaldas al hombre con el
cuerpo ligeramente replegado
La del judío detrás del mostrador
La de espaldas al paredón
La del psiquiatra detrás de un escritorio
La de la mujer encima de su compañero
La del cura en el confesionario

Las posiciones de pie
practicadas por discreción o falta de espacio

Extranjeros y tierras

La identidad de un judío está en su cabeza.
Su patria siempre fue ante todo interior.
A. B. Yehoshua

Nosotros seguimos adelante, más adentro del pueblo.
La tierra que nos han dado está allá arriba.
Juan Rulfo

Es conocido el sexto sentido de los no judíos
para percibir que los judíos se sienten
extranjeros incluso en su propia tierra.

"Forastero he sido en tierra ajena"
habrá pensado el patriarca Moisés
cuando pisó el desierto de Canaán.

¿Habrá judíos que se sienten extranjeros
en la Tierra Prometida
por no haber nacido en ella?

Goles y arqueros

No hay un lugar de mayor felicidad humana
que un estadio lleno de fútbol.
Albert Camus

Creo que el fútbol es un pensamiento que se juega,
y más con la cabeza que con los pies.
Milan Kundera

En el fútbol todo se complica con la
presencia del otro equipo.
Jean Paul Sartre

Pocos segundos antes de terminarse
la final de la Copa del Mundo,
el Rabino Mayor de Jerusalén,
arquero del equipo de Israel,
que iba perdiendo 1 a 0,
lanzó un tiro desde su arco
al arco del Vaticano
—resguardado por el Papa—,
con la esperanza de lograr el empate.

La pelota sobrevoló todo el largo
de la cancha y fue a incrustarse
en el arco contrario.

Entonces el Rabino se arrodilló

sobre la grama, elevando los ojos al cielo
en agradecimiento a Dios.

El Altísimo, que había estado viendo el partido,
esbozó una sonrisa
y, rascándose la cabeza,
se dijo que ese gol
había sido un verdadero milagro.

Deuda saldada

Este es mi pacto, que guardaréis entre mí y vosotros
y entre la descendencia después de ti. Circuncidad todo varón,
circuncidad la carne de vuestro prepucio, y esa será
la señal de mi pacto entre mí y vosotros.
Dios

Señor:
La curiosidad de una hermosa
y cristiana dama
por mi púber pene circunciso
me hizo conocer
por la primera vez
las delicias de Tu Paraíso

Vals criollo

El valse, la piedra —la pieza sería mejor— angular
de la cultura de lo criollo. Criollo popular costeño.
Costeño no mestizo. Mestizo no transcultural
Eloy Jáuregui

Se le llama vals criollo cuando se está en el Perú,
pero, cuando se está afuera del país, se llama vals peruano.
Escrito en *Identidad peruana*

Es un día [el de la Canción Criolla] en que nos amanecemos
bebiendo y bailando, y la jarana dura dos días
porque el 1 de noviembre es el feriado religioso
del Día de Todos los Santos.
Augusto Polo Campos

Como un banquete al que se va vestido
corbata michi y terno azul marino,
pasa la procesión —en ómnibus de madrugada
y haciendo garabatos— sin Cristo ni Virgen de domingo

Como una cometa que vuelve sin sentido,
viento que hace volar el cielo en hábitos morados,
otra vez el puente del hilo de la pesca
anzuelo que del tiempo muerde hilachas,
pasa el mismo chorro de sangre
con sus mil cuchillos
Como si la memoria fuese un fardo ajeno

jalando arriba abajo el mismo sol eterno
de espaldas a un muro al pie de los Olivos,
puerta tapiada para un Mesías que no asoma
ni por asomo su cara de siete ojos

Mi corazón es ese muro: ruina
que no contenta con ser ruina se hace añicos.

Retratos y autorretratos

1

En el Perú existen varias memorias históricas.
Alberto Flores Galindo

¿En qué momento se había jodido el Perú?
Mario Vargas Llosa

El judío es tan triste como el murciélago
El peruano es más triste que el gato
El judío es menos triste que el Zar
El peruano es el más triste de todos
El judío es triste
El peruano es muy triste
El judío es tristísimo

2

Yo soy metafísicamente judío.
E. M. Cioran

Ser judío es un compromiso asumido al nacer
y no puede ser revocado.
Saúl Sosnowski

Yo y mi judío a cuestas, observándonos de espaldas
y sin embargo oreja a oreja
él imperturbable, diríase desdeñoso de la muerte
dando campanazos contra el tiempo
en su misión de ir rodando por el abismo de la historia
él su rostro adolescente, rezagado en los espejos
tatuado del pie al alma
Yo y mi judío a cuestas, calcomaniados hasta la corva nariz
que se nos gasta en olfatear el Reino de la Tierra

Lecciones

...esa herencia absurda que nos determina a ser
el acto final de un impulso muy lejano,
un baúl lleno de reliquias que es nuestro
solamente porque lo cargamos.
Ariel Dorfman

En el Perú —intentó— hay una dimensión de pasado
que, parece, no terminara de transcurrir...
Maurizio Medo

La historia me enseñó hace algún tiempo
que el dios Wiracocha envió a Manko Cápac
a fundar un imperio en la cima de un cerro

La historia me enseñó más tarde
que Jehová creó al hombre
a imagen y semejanza de Wiracocha
quien a su vez creó a Manko Cápac
a imagen y semejanza de Jehová

Humanidades

1

Un judío debe ser sensible al dolor de todos los seres humanos... La misión del pueblo judío nunca fue hacer el mundo más judío, sino hacerlo más humano.
Elie Wiesel

En el Museo de la Humanidad
tenía cabida también
la Galería de las Cosas Desaparecidas:
quería recordar la idea y el ser de lo ausente.

2

El judío es un ser humano incluso antes de ser un judío.
Wilhelm von Dohm

Se les prohibió a los humanos
el regreso al Planeta Tierra
y así nació el mito del Humano Errante.

Ríos mares infancias

Ahora comprendo que en nuestra tierra seca e interior
los trenes nocturnos eran el gran río
que nos llevaba al mundo
y nos traía luego de regreso...
Antonio Muñoz Molina

Los ríos no se van
Los ríos vuelven
Corazón verde niño: vuelven, vuelven.
Ángel Gavidia

1

El pueblo no tenía mar.
Su mar eran las vías del tren.
Río sí tenía: la infancia.
Los viejos se sentaban a su orilla
a pescar recuerdos.

2

El pueblo no tenía río.
Su río eran las vías del tren.
Mar sí tenía: el recuerdo.
Los viejos se sentaban a su orilla
a pescar infancias.

Caídas

Soy un hombre herido
Por la espalda
Y como estoy herido
Sé adónde voy.
Luis Hernández

De dónde
tanta tristeza
que te persigue
Andas por el filo
y caes con ella
aplaudiendo
el espectáculo
de la caída
Hay otro sol
en el fondo
Un silbido
que llama
un gesto negro

Poesías

Si estos poemas parecen no saber
lo que quieren decir no es culpa suya...
Eduardo Chirinos

Ya no haces poesía con un tema, sino con sonidos:
escucho primero un sonido interior y eso me lleva a otro sonido.
La semántica, el sentido, nace del sonido, porque ese sonido
ilumina en mí un recuerdo, un tema, una memoria.
Róger Santiváñez

Poesía bella
es sinónimo
de buena poesía.

Porque las ideas
son bellas
es buena la poesía.

El bello pensar.
La poesía que piensa.
A la manera de...
Los nombres son innumerables.
Poetas que pensaron
y poetas que piensan.

Contra el verso bien dicho
que no dice nada

la bella poesía
sí dice algo
aunque parezca mal dicho.
A la manera de…
Los nombres son innumerables.

Traductores y poetas

El traductor es un lector cercano.
Charles Simic

El traductor es un lector cercano.
Por eso puede darse el lujo de ser un traidor.
Un día, el poeta que se siente traicionado por el traductor
se matricula para aprender el idioma
utilizado por el traductor traidor.
Afuera, los idiomas pasan de boca en boca,
en palabras que vuelan, caminan o se arrastran
según sea quien habla.
Hombres y mujeres dicen una cosa por otra,
igual que la traducción.
El poema traducido es original
en el idioma de la traducción.
Los traductores de poesía,
buenos o malos,
gústeles o no,
también son poetas.

VARIACIONES GOLDEMBERG

Umbilicus mundi

1. Jerusalén

De los sitios que conozco, ninguno concentra,
como Jerusalem, tanto tiempo en tan poco espacio.
La historia, allí, en vez de expandirse, se comprime.
No busca nuevos escenarios sino los viejos
ámbitos de siempre…
Santiago Kovadloff

La ruta de la noche de los seres que llegan,
la ruta del día de los seres idos,
el pasado borra.
Odio para el enemigo enemigo,
para el enemigo amigo,
los silencios del pasado y los del futuro,
nada se separa y nada se mezcla.
Los esclavos de la pluma entre el sollozo del perro,
las bienvenidas del aire,
los esclavos al descubierto en pleno desierto,
la sombra de la oscuridad o la vida,
en los ojos del lobo.
Héroes desconocidos de hazañas inútiles,
nada se llevan,
hombres que ruidosamente se quedan
en nuestros otros nosotros,
rota la cadena de aire y fuego,
el pasado todo lo borra.

En la desidia de anquilosar el imperio,
en las ciudades atestadas,
en las ausencias dulces,
un breve hilo nos sostuvo.
Abundaron saqueos de casas y palacios.
Faltó la paz.
De dos o tres letras o sólo de la Alef
pensamos al imperio en su destrucción.
Trepanadores de cráneos en el espacio.
De hombres que hacían la paz y devolvían los reinos
y vivían rezando y suplicando,
los pies cerrados, cerrados los cerebros,
de hombres que no tenían los labios cerrados,
nos parecía alentador su silencio.
El olvido recobra sus huecos de placer,
carecemos de la voluntad de soñar
y callamos en el espacio privado.
Conservamos el fuego apagado,
hemos rechazado preservar el imperio,
sus cuerpos y sus ahogos.
Hemos rechazado el espíritu de los que no sueñan.
El imperio se sosiega
en el paso de pocos segundos.

2. Cusco

Caminé frente al muro, piedra tras piedra... Toqué las piedras con mis manos; seguí la línea ondulante, imprevisible, como la de los ríos, en que se juntan los bloques de roca... en el silencio, el muro parecía vivo, sobre la palma de mis manos llameaba la juntura de las piedras que había tocado.

José María Arguedas

Mentes cabizbajas para la escritura de la historia,
ese sol brillante,
preservar el imperio,
más cerca del impermeable tiempo,
y más cerca del agua.
Viejos de pie con sus máscaras sombreadas,
quitaban al dios,
desde la lúcida inteligencia,
donde permaneciera la brevedad podrida de la tierra,
y una muchedumbre de pequeños descensos,
buscaba traducir la ley del imperio.
Sin la firmeza de la tierra,
esos espacios sólidos de las noches
que quedaban con la nuca al aire,
eran los días para preservar.
Hombres se tapaban los ojos para no mirar
el comienzo del breve tiempo,
el tímido ascenso,
rojos y desnudos bailaban en las cavernas.
Y todo desunido por una tijera ritual.

Sus cercanos silencios de inmovilidad,
el calor impedía sobre la flor.

Y a la luz se cerraban las ventanas de la selva,
se encogía y se agachaba el miedo,
antes de tantas noches de un mundo conocido
como negra profesía cayó el animal moribundo.
En la superficie se descartaba la maldición
de andar sobre aires terribles siempre hollados.
Y ahí estaban las piedras, siempre las mismas,
como músculos afeando las ramas terrestres.
Hombres y mujeres carecían de la voluntad de soñar
y gemían en el espacio privado.
No había nadie que hiciera la paz
y devolviera los reinos,
nadie que recobrara los huecos del placer,
sólo hombres que conservaban el fuego apagado,
los saqueadores sin propósito.
Sin la firmeza de la tierra,
el futuro todo lo borra.

Odisea del espacio

Estamos en el interior del sueño.
El menor detalle tiene sentido.
Pablo Macera

Yo soy el corequenque ciego
que mira por la lente de una llaga,
y que atado está al Globo,
como a un huaco estupendo que girara.
César Vallejo

La quietud esculpía sobre la piedra
sus silencios de ceremonia y de números.
No existía el valor aparente,
la nada desunida por un hilo hechizado.
Cuerpos desnudos cerraban los altares del sacrificio,
el obediente ascenso.
Apartaban los ojos del comienzo del tiempo
por el hueco de un único camino malintencionado.

No era el tiempo para mutar
los espacios sólidos de las noches que quedaban
con la nuca al descubierto,
con la caída de los abismos.

Nadie confiaba en poder leer la tierra.
Pueblos de pequeñas caídas.
Un sintiempo donde los límites de la vida

y la sequedad de los aires
animaran el poco espacio de lo quieto.
Abandonar el hechizo del espacio
por el hueco del claro reconocimiento.
Arrancarle al dios astronauta
sabios de pie con sus libros oscuros.

Y más acá del agua,
más acá de la porosa eternidad,
se disipaban los tiempos y los espacios,
ese oscuro astro empequeñecido,
alejado de los telescopios,
esas mentes cabizbajas para leer el pasado.

Terra ignota

Súbitamente la inmensidad fue otra
Diferente al ámbito primero
Y los ojos eran otros y las manos eran otras
Como si hubieran nacido así desde el inicio
Transtornados los verbos y el sujeto.
Marita Troiano

Sembradores de aires,
no atravesaron el umbral de la tierra.
El triunfo los acercaba al cielo conocido
y la luminosa quietud de las naves
y hombres y mujeres soñaban
con las pequeñas manos
de un negro espacio.

Desdeñaban los signos
de calmos puntos terráqueos
donde las computadoras
y los satélites eran el conocimiento
arrojado a una vana ignorancia.

Las naves se hundían en el suave vacío,
y hombres y mujeres se decían a sí mismos:
la pérdida de la tierra nos impulsa más lejos,
más débiles que la carencia de todo,

sin armas de real humildad.

En los cerebros penetraba
el espacio de la sorpresa,
del pesimismo a la calma,
dentro de las naves eran dulces
los sueños de la travesía.
En las bóvedas del espacio hombres y mujeres
soñaban con el todo infinito.
Leían el azar colgado de las constelaciones
y en los cantos de sirena,
para que la cobardía de los humanos chocara
con la realidad del viaje.

En la superficie de los humanos anidaba el miedo
de pisar una tierra hollada por otros.
Admirar el ansia de lanzarse al viaje,
en carnes afeando las ramas del aire.
Sobre los fantasmales astros del firmamento,
como haces de sombras caía la luz
más lejana, borrando los horizontes.

Antes del viaje milenario a la tierra conocida
malos agüeros volaron por los aires,
ninguna oración se oyó en las naves,
la maldición callaba en el espacio.
Seres de tierra, faltos de magia,
la expansión no era su objetivo
sino la mordaza de una creencia
enseñada a tierra y agua.

Eran los hombres y mujeres que nunca zarparon,
los siempre llegados a tierra, los cuerdos.
De los hilos del favorable futuro estaban prisioneros.
De su despertar lineal,
la música de las esferas,
del germen de sus realidades,
sus números de breves planetas.

En los días que se distendían
y se recogían en su cautela,
el final del viaje reflejaba
los montes de los desiertos terrestres
y a la luz de los humanos se cerraban
los muros de la oscura galaxia.

Apariciones

La frontera que divide y excluye, la que hiere
y deja marcas en el cuerpo y en la lengua.
¿Cómo son las heridas de una frontera-cicatriz?
¿Cómo son las marcas? ¿Son marcas visibles o invisibles?
Gisela Heffes

Allá desaparecía el desierto dibujado
una y otra vez en el sueño del humano.
Borrados en la arena se hundían los fantasmas
de lo blanco, cadenas arrastrando sin fuerza
a los astros, un cielo muerto.

Pirámides en construcción, edificios de tierra,
ciudades ocultas en el espacio.
Días líquidos, la muerte vacía acechaba.
Ramas de carne, músculos de flexibilidad paciente,
sobrevivientes pies encima de las rocas.

El humano agachaba la cabeza,
presenciaba la pequeñez del todo
y saltaban los astros en el firmamento negro.

El aire disparaba sombras, cerrado por el silencio.

Excavaba con ahínco la muerte
la oscuridad de la tierra esclava,

el largo sonido de las piedras,
la sombra, el pensar de las viejas esferas.

Sólo el desierto daba acceso.
En el cielo turbio el humano buscaba su mirada.

Tránsito

La noción de gravitar entre una frontera y la otra,
requería de mí una narrativa que me reacomodara en el mundo.
Rose Mary Salum

Se doblegaban en la realidad ajena.
Carecían de la ingravidez de las aves
para su finita limitación.

La paranoia era una andanada de picaduras.
Ignoraban de dónde venían.
Carecían de la máquina procreadora
guardada y negada.

Habían desaparecido las constantes de la procreación.
En campo abierto las sombras no trepaban.

Ignoraban de dónde venían.
Se habían despojado de la vestimenta de los vivos,
y pájaros habían brotado de las fosas.

No les bastaba los signos
que pensaron eran el azar de los muertos.
Habían escrito sobre letras ya escritas,
sobre la certidumbre

que arroja el asombro de la vida.
Necesitaban más luces y más sombras,
las que obedecían al ojo de la desconfianza.

Desapariciones

La palabra les ofrece a los personajes
y al propio autor la libertad de estar
en los dos lados de la frontera al mismo tiempo.
Eduardo González Viaña

el desierto ahuyenta este campo sagrado
de insinuaciones burdas [...]
el desierto trae esa capa de infinito [...]
la sangre volviéndose arena, dunas y dunas, las palabras.
Julia Wong Kcomt

El humano penetró en la velocidad de la luz
y sus manos se aferraron otra vez
a los instrumentos del viaje.
El planeta no prometido, los negros espacios
del invierno sideral, lloraban en pie de guerra,
la desconfianza hacía olvidar
el venidero fuego de la batalla.

El humano ignoraba los bienes
de la tierra olvidada, ahora estrecha,
los meridianos quebrados y su mansa aridez,
desprovista de lo conocido.

El día se alejaba de él con sus sucias sombras.

No sintió la apertura en el centro espacial,

no perdió el aliento ante la magnitud del misterio.
El humano amaba la vida entre graves jadeos
y dulces maldiciones de lo por venir.

Cruzó los desiertos prometidos, los bosques oscuros.
Las lluvias de fuego golpeaban su féretro
alumbrando el silencio,
endureciendo el espíritu como una señal.

El espacio era la boca del lobo,
y los dioses del humano callaban sus lenguas.

Delante de las llanuras, detrás de los bosques,
las ruinas exhuberantes,
el aire y los golpes del lejano templo,
las escamas del pez, la piedra apagada,
el altar del sacrificio supremo.

El humano ignoraba a dónde iba y por qué.
Ignoraba las formas de los escondites
y el arte de las travesías sin fin.
El pasado lo hundía.

El humano iba envuelto en la luz.
Con el día y su falta de fe
se alzaron los astros sobre él.

Éxodo

El viaje dispara los relatos porque otorga el motivo ideal
para el desvío de la experiencia: hay alguien que va hacia algún lugar
que no le pertenece, hay alguien que viene de un lugar distinto.
Sergio Chejfec

Ignoraban por qué partían.
Con la certeza de lo desconocido
se alzaban los humanos en su descreencia.
Con el primer silencio de la noche
abandonaban sus huellas terrestres.
El sueño de los desiertos se negaba a aparecer.

Ellos eran los nuevos colonos,
el pasado los humillaba con su conocida canción.
El arte de la piedra
y los métodos de enterramiento
les eran secretos.

Ignoraban por qué partían.
El hierro callado, la arena apagada,
El aire y la caricia del ombligo lejano,
los calmos planetas,
flotaban en la galaxia frente a lo negro.

Con palabras visibles
hablaban los humanos con sus nuevos dioses
mientras el firmamento quería arder.

Con la carencia de la tierra,
los humanos atravesaban los corredores de aire
amando la muerte con dulces gemidos.
El día flagelaba sus espaldas
con su sucia luminosidad.
El firmamento se mostraba desprovisto
de reales distancias.

Ignoraban por qué partían.
Pero el lugar de llegada les había sido prometido
con absoluta certeza, con todos los males posibles.

Tierra prometida

No, América Latina duerme. No, América Latina despierta. No, América Latina seguirá igual, agitándose en debates impotentes, dando la impresión de movimiento, pero continuando en el mismo sitio. No, América Latina merece ser ignorada, estar al margen del mundo. No, América Latina puede llegar a rutilar como Sión.
Marcos Aguinis

El vacío del día de los humanos que parten,
el vacío del tiempo de los humanos que llegan,
el presente graba.
Amor para el amigo amigo,
para el amigo enemigo,
los gritos del presente y los del pasado,
todo se une y todo se entrevera.
Los libertos de la espada frente a la risa del gato,
las despedidas del fuego,
los libertos al encubierto en medio del bosque,
la luz del día o de la muerte,
en los oídos del cordero.
Cobardes conocidos de guerras audaces,
todo lo transportan,
seres que en silencio parten
hacia sus otros ellos,
cosida la soga de tierra y agua,
el presente graba.

En el deseo de transmutar el futuro,
en los planetas vacíos,
en las presencias amargas,
una larga cadena nos dejó caer.
Faltó la paz en cuevas y cabañas.
Abundó la guerra.
Sin uno o dos números o además del cero
ignoraron el futuro en su construcción.

Operadores de almas en la tierra.
De seres que libraban batallas y guardaban la libertad
y morían blasfemando y maldiciendo,
las manos abiertas, abiertas las almas,
de seres que mostraban las bocas abiertas,
nos sonaba desalentador su bullicio.
La memoria perdía sus espacios de dolor,
incubamos el deseo de despertar
y hablamos colectivamente en el sueño.
No guardamos el aire prendido,
hemos aceptado destruir el futuro,
su espíritu y su respiración.
Hemos aceptado el cuerpo de los que despiertan.
El futuro se inquieta
en el estancamiento de muchas horas.

Cabezas erguidas para la lectura de la vida,
esa luna apagada,
derrochar el futuro,
más lejos de la húmeda tierra,
y más lejos del fuego.

Jóvenes de rodillas con sus rostros iluminados,
ponían al dios,
desde la sombría ignorancia,
donde faltara la expansión fresca del agua,
y una ausencia de grandes ascensos,
negaba interpretar el caos del porvenir.
Con la levedad del aire,
esos espacios huecos de los días
que partían con la frente encubierta,
eran las noches para descartar.

Hombres se destapaban los oídos para escuchar
el final del largo tiempo,
el audaz descenso,
pálidos y arropados se inmovilizaban en los palacios.
Y nada unido por una cadena ancestral.
Sus lejanos aullidos de movilidad,
el frío propiciaba sobre la piedra.

Y a la oscuridad se abrían los huecos de la ciudad,
se alargaba y se erguía el valor,
tras pocos días de un mundo desconocido
como blanca maldicion se alzó el humano con vida.
En el fondo de la tierra se aceptaba la bendición
de sentarse bajo fuegos apacibles nunca apagados.
Y aquí faltaban las plantas, nunca distintas,
como piedras embelleciendo los troncos fuera de la tierra.
Hombres y mujeres incubaban el deseo de despertar
y reían en público.
Sí había seres que hicieran la guerra
y conservaran la libertad,

seres que devolvieran los espacios del dolor,
pero no seres que entregaran la sombras prendidas,
los constructores de metas fijas.
Con la levedad del aire,
el pasado todo lo graba.

ÍNDICE

Diálogos conmigo y mis otros

Variaciones Goldemberg

Academia Norteamericana de la Lengua Española

Correspondiente de la Real Academia Española

Directiva

D. Gerardo Piña-Rosales
Director

D. Jorge Ignacio Covarrubias
Secretario

D. Daniel R. Fernández
Coordinador de información

D. Joaquín Segura
Censor

D. Emilio Bernal Labrada
Tesorero

D. Carlos E. Paldao
Bibliotecario

D. Eugenio Chang-Rodríguez
Boletín

Académicos de número
(Por orden de antigüedad)

D. Eugenio Chang-Rodríguez
D. Roberto Garza Sánchez
D. Roberto A. Galván
D. Stanislav Zimic
D. Raúl Miranda Rico
D. Rolando Hinojosa-Smith
D. Carlos Alberto Solé
D. Gerardo Piña-Rosales
D. John J. Nitti
D. Joaquín Segura
D. Emilio Bernal Labrada
D. Luis Perez Botero
D. Nicolás Toscano Liria
D. Marcos Antonio Ramos
D.ª Estelle Irizarry
D. Mordecai Rubín
D. Ubaldo di Benedetto
D. Robert Lima
D.ª Silvia Faitelson-Weiser
D. Antonio Culebras
D. José Amor y Vázquez
D. William H. González
D. Antonio Garrido Moraga
D. Robert Blake
D. Juan Manuel Pascual
D. Orlando Rodriguez Sardiñas (Rossardi)
D.ª Janet Pérez
D. Jorge Ignacio Covarrubias
D. Luis Alberto Ambroggio
D. Milton M. Azevedo
D.ª Georgette Dorn (Electa)
D. Víctor Fuentes
D. Isaac Goldemberg (Electo)
D.ª Mariela A. Gutiérrez
D.ª Leticia Molinero
D.ª Rima R. Vallbona
D.ª Domnita Dumitrescu
D. Daniel R. Fernández (Electo)
D. Elio Alba Bufill (Electo)
D. Carlos E. Paldao (Electo)

Correspondientes

D. Alberto Acereda
D. Horacio Aguirre
D. Mario Andino López
D. Armando Alvarez Bravo
D.ª Uva De Aragón
D. Alfredo Ardila
D. Marco Aurelio Arenas
D. Samuel G. Armistead
D. Joaquín Badajoz
D. Garland D. Bills
D. Javier Bustamante
D. Germán Carrillo
D. Luis Angel Casas
D. Alberto Castilla Villa
D. David Deferrari
D. Mark P. del Mastro
D.ª María de la Paz Fernández
D.ª Laura Godfrey
D. Gustavo Godoy
D. Luis T. González del Valle
D. Alfonso F. del Granado Anaya
D.ª Alicia de Gregorio
D. Jorge Kattán Zablah
D. Luis Mario
D. Emilio Martínez Paula
D.ª Maricel Mayor Marsán
D. Gonzalo Navajas
D. John O'neill
D. Francisco J. Peñas-Bermejo
D.ª Teresinka Pereira
D. José Luis S. Ponce de León
D. Christian Rubio
D.ª Esther Sánchez Grey-Alba
D. Eduardo Urbina
D. Ángel Julián Valbuena-Briones
D. Luis Rios
D. Alister Ramírez Márquez
D. Rafael E. Saumell-Muñoz
D.ª Maria Elena Pelly
D.ª Nuria Morgado
D.ª Patricia López L.-Gay
D.ª Ana María Osan
D.ª Marta López Luaces
D. Daniel Q. Kelley
D.ª Rosa Tezanos-Pinto
D.ª Isabel R-Vergara
D.ª Laura Pollastri
D. Manuel M. Martín-Rodríguez
D.ª Juana A. Arancibia
D. Lauro Zavala
D. Everette Larson
D. Mario A. Ortiz
D.ª Violeta Rojo
D.ª Stella Maris Colombo
D.ª Francisca Noguerol Jiménez
D.ª Graciela S. Tomassini
D. Juan Carlos Torchia-Estrada
D. Antonio Monclús Estella
D. Thomas E. Chávez
D. Serge I. Zaitzeff
D. Eduardo Lolo
D. Harry Belevan-Mcbride
D. Manuel J. Santayana
D. Jose Luis Abellán
D. Oscar Acosta
D. Abdelouahed Akmir
D. José Manuel Allendesalazar
D. Francisco Albizúrez Palma
D. Jorge Eduardo Arellano
D. Fredo Arias de la Canal
D. Pedro Luis Barcia
D. Belisario Betancur
D.ª Silvia Betti
D. José Carlos Brandi Aleixo
José Manuel Caballero Bonald
D. Alberto Cañas
D.ª Margarita Carrera
D. Carlos Castañón Barrientos
D. Santiago Castelo
D. Carlos Joaquín Córdova
D. David Escobar Galindo
D. Manuel Garrido Palacios
D. Carlos Jones Gaye
D. Alberto Gómez Font
D. José Manuel Gómez y Méndez
D. Félix Grande
D.ª Nuria Gregori
D. Pedro Guerrero Ruiz
D. Heliodoro Gutiérrez González

D.ª Aurora Humarán
D. Chen Kaixian
D. Amancio Labandeira
D. Armando Labastida
D. Angel López García-Molins
D. Humberto López Morales
D. Jesús López-Peláez Casellas
D. Wenceslao Carlos Lozano
D. Alfredo Matus Oliver
D. Justino Mendes de Almeida
D. José Moreno de Alba
D. Francisco Muñoz Guerrero
D. Jose Luis Najenson
D. Fernando A. Navarro González
D. José María Obaldía
D.ª Rocío Oviedo y Pérez de Tudela
D. Antonio Pamies Beltrán
D. Antonio Porpetta
D. Jaime Posada
D. Domingo Prieto García
D. Raúl Rivadeneira Prada
D. Amadeu Rodrigues Torres
D. Hernán Rodríguez Castelo
D. José Romera Castillo
D. José Guillermo Ros-Zanet
D. Yuri A. Rylov
D. Felipe San José González
D. Sergio Valdés Bernal
Juan Vicente Sánchez Andrés
D. Gonzalo Santonja Gómez-Agero
D.ª Fatima Tahtah
D. Hiroto Ueda
D. Benjamín Valdivia
D. Juan Van-Halen Acedo
D. José Luis Vega

COLABORADORES

D.ª Vanessa Lago Barros
D.ª Cristina Bertrand
D.ª María Eugenia Caseiro
D.ª Adriana Bianco
D. Fernando Walker
D.ª María Leticia Cazeneuve
D.ª Mary S. Vásquez
D.ª Maria Cornelio
D. Andrew Lynch
D. Porfirio Rodríguez
D.ª Rosa Alicia Ramos
D. Alejandro José González Acosta.
D. Ginés Lozano Jaén
D.ª María Teresa Caro Valverde
D. Antonio Román
D.ª Natalia Manfredi
D.ª Kathleen Therese O'connor-Bater
D. Steven Strange
D. Nicolás Martínez Valcárcel
D.ª Carmen Tarrab
D.ª Liliana Soto-Fernández
D.ª Oneida M. Sánchez
D. Armando Miguélez
D.ª Laura Sánchez
D. Mariano Vitetta
D. Angel Aguirre
D.ª María Rosa de Madariaga
D.ª María de Marcos Alfaro.
D.ª Cristina Ortiz
D.ª Ana Sánchez-Muñoz
D. Gustavo Godoy
D.ª Mª Dolores Cuadrado Caparrós,
D.ª Élida Marcela Testai
D. Ángel Cuadra
D. Alberto Avendaño
D. César Sánchez Beras
D.ª Gabriela M. Espinosa
D. Rolando Pérez
D. Antonio Acosta
D.ª María José Luján Moreno
D.ª Anna De Santis
D.ª Phyllis E. Vanburen
D.ª Tania Pleitez Vela
D. Juan Carlos Dido
D.ª Ana María Shua
D. Ernest A. "Tony" Maresd.
D. Fernando Sorrentino
D.ª Celia López-Chávez
D.ª Rhina Toruño-Haensly
D. Guillermo A. Belt
D.ª Leticia Bustamante Valbuena
D.ª Mary Salinas Gamarra
D.ª Lucila Herrera
D. Miguel Gomes
D. Jorge Werthein
D. Nasario García
D. Teodoro Hampe Martínez
D.ª Cristina Chocano Muñoz
D. Hyosang Lim
D. Francisco Laguna-Correa
D.ª Carmen Benito-Vessels
D.ª Nela Rio
D. Alberto Rojo
D.ª Olvido Andújar
D.ª Jeannette L. Clariond
D.ª Clotilde Fonseca Quesada
D. Domingo Tavarone

Diálogos conmigo y mis otros, de Isaac Goldemberg, se terminó de imprimir en junio de 2013 en los talleres de Editorial Color S.A. de C.V., Naranjo 96-Bis, México D.F., Colonia Santa María la Ribera.